Luisa Godoy

Vórtice

crivo

Vórtice © Luisa Godoy, 10/2024
Ilustrações © Luisa Godoy, 10/2024
Edição © Crivo Editorial, 10/2024

Edição e Revisão Amanda Bruno de Mello
Capa, Projeto gráfico e Diagramação Gustavo Zeferino
Coordenação Editorial Lucas Maroca de Castro

Dados Internacionais de Catalogação na Publicação (CIP) de acordo com ISBD

G588v   Godoy, Luisa.
         Vórtice [manuscrito] / Luisa Godoy; [ilustrações]
         Luísa Godoy. – Belo Horizonte: Crivo, 2024.
         64p.: il., p&b., 14 cm x 21 cm.

         ISBN: 978-65-89032-84-7
         1. Poesia Brasileira. I. Título.

         CDD   B869.1
         CDU   869.0(81)-1

Ficha catalográfica elaborado por Alessandra Oliveira Pereira CRB-6/2616
         Índice para catálogo sistemático:
1. CDD   B869   Poesia brasileira
2. CDU   869.0(81)-1 Poesia brasileira

Crivo Editorial
Rua Fernandes Tourinho, 602, sala 502
30.112-000 – Funcionários – Belo Horizonte – MG

🌐 www.crivoeditorial.com.br
✉ contato@crivoeditorial.com.br
(f) facebook.com/crivoeditorial
(◎) instagram.com/crivoeditorial
🌐 loja.crivoeditorial.com.br

Para Romeu

sumário

9 **VISITA AO TÚMULO DO AMOR ROMÂNTICO**

10 CASAS

12 HADES

14 SHIVA

15 INTOXICAÇÃO

16 PAIXÃO

17 PÁSCOA

18 RÁDIO CORAÇÃO

19 ESPAÇOS (EX-PASSOS)

20 PONTO CEGO

21 SÓ

22 TESTEMUNHO

23 DECLARAÇÃO

24 LETRAS

25 REVISITA

26 CARTA PARA A LUA

27 **VERDE VERDADE (SERMÃO DO JARDIM)**

28 V DE VERDADE

29 SEMEAR

30 SOL

31 MANACÁ

32 LITURGIA

33	**CURVA DO RIO**
34	**CAÇULA**
35	**UM PASSEIO**
36	**SOBRE A MONTANHA**
37	**SONHO COM CACHORRO PRETO**
38	**NOITE AVANÇA**
39	**PÉROLA**
40	**PÉS**
41	**SOBRIEDADE**
42	**NOVA VIÇOSA, BA**
43	**LUA VERMELHA**
44	**QUATRO**
46	**RELATÓRIO**
47	**DAMA & UNICÓRNIO**
48	**DECRETO**
49	**IN MY LIFE**
51	**ESCREVER**
52	**DOBRA**
54	**DUELO**
55	**NAVIO**
56	**DAMA & UNICÓRNIO**
57	**SATYA**
58	**TENDA**
59	**MONSTRA**
60	**DEZEMBRO**

9

VISITA AO TÚMULO DO AMOR ROMÂNTICO

CASAS

Tenho visitado casas
em que morei.
Chego nelas e encontro
tudo igual.
Um incômodo, porém,
me acomete.
Pode ser náusea,
pode ser alergia,
pode ser dor.
Dor na ferida antiga
que fechou,
mas cuja cicatriz
nunca sumiu.
Eu me pergunto
dentro da casa
se antes já não havia
bile, coriza, sangue.
Pois foi ali
que a ferida se abriu.
Como eu podia
habitar um lugar
que hoje jamais
me seria acolhedor?
Sei que o que mudou
fui eu.
E sei que o impulso
para tais excursões
cessará.

Talvez ao rever
aquele cômodo
derradeiro, onde,
apesar do sorriso,
do gozo, do canto,
nunca fui inteira.

HADES

Era noite e não
se via.
Era noite e não
se raciocinava.
Era noite e portanto
eu devia recordar
de andar cuidada.
Era noite e mais nada.
Se houve sinais, bandeiras
vermelhas ou brancas,
não notei,
enfeitiçada
como estava.
Era noite também
nos olhos de um homem.
Era um homem,
um projeto,
um espectro
ou um reflexo?
O que foi que ele disse?
O que desejou, o que viu
que não percebi?
Sentindo a mim mesma
em suas mãos, atenta
apenas ao sentir, e assim
desatenta ao ver, ao ler?
O que significam
as lembranças
daquela noite,
cacos fragmentados?

Onde depositá-los
após saber o que fazer
por exemplo com as roupas?
As lembranças não se lavam.
Se fosse possível fazê-lo
ainda assim eu hesitaria.
Quero entender os pedaços
da noite em minha mente.
Já que os cheiros e as partículas
nas roupas se foram
com a água e o sabão.
Os dias se passaram e não
passou aquela noite
refletida em retinas escuras,
que me olham desde meus próprios
sonhos de calor.
O mistério assombra
mais que o desejo?
O caso deverá ser arquivado
antes de ser solucionado?
Reunirei
as forças do abandono.
Calarei o nome em minha boca.
Não serviu repeti-lo,
invocá-lo, sob qualquer condição.
Um nome é apenas um nome,
referência sem sentido.
E basta lembrar que aquela
era uma noite e mais nada.
Com sorte ou sem sorte,
uma noite como todas as noites.

SHIVA

Que meu senhor seja Shiva,
não Hades.
Estou farta
do humor de Perséfone.
Se não puder me livrar
de vez da lava
que seja nas alturas
do Monte Kailash
na neve sublime
a meia vida que me é reservada
na superfície.

INTOXICAÇÃO

Em contraste, quase nunca enxergo
os vampiros como você.
A intolerância alimentar
é mais perceptível
que a intolerância ao abuso.

Me pego de novo sangrando.
Dentes cravados em meu pescoço
enquanto por exemplo
preparo o almoço.

(Foi um treinamento de indetecção
que me cegou aos primeiros sinais?)

Mas um adestramento de consciência,
como o esforço de cruzar um lago
a nado, os braços atados,
rendeu ao menos a percepção tardia.

Ao menos consigo me retirar,
já hipotérmica e ofegante,
logo antes de me afogar
no poço de Narciso.

PAIXÃO

De joelhos se contempla o chão.
O vazio é o espaço sem matéria, é a potencialidade.
A noite é o respiro, é o bálsamo.
O silêncio pode dizer muito.
Aqui, no escuro, o escuto perfeitamente.
Mais orientada para o céu quanto mais fincados os pés na terra.
O baque surdo dos meus passos descalços remete a uma memória estelar.
Não há nada mais a buscar.
Vim, vi, venci e por fim, perdi.
Ofereço a deus as minhas mãos nuas.
O meu coração alvejado.
A concretude dos meus átomos.
O amor talhado na dor.

PÁSCOA

Como Perséfone
retornada do Hades:
renascer.
Dali trago as cicatrizes
e os aprendizados.
As dores terão sido
dores de parto.
Dar à luz
a mim mesma.
Descer da cruz
voluntária
e conscientemente.
Cuidar das chagas.
Agora começa
uma nova temporada.
De certo morrerei
outras vezes.
Por suas mãos,
jamais.

RÁDIO CORAÇÃO

Tenho sangrado demais
E a vida o que é?
You bleed, you learn

Quem sabe o príncipe virou um sapo?
Mudaram as estações
Let it be

Ando devagar porque já tive pressa
E vou sendo como posso
Refazendo tudo

Don't let the sun go down on me

ESPAÇOS (EX-PASSOS)

nesse meu vazio
cósmico
sem bordas
e em expansão
não cabe você

nem nesse seu
frasco diminuto
de couro
preso ao quadril
caibo eu

PONTO CEGO

gosto de pensar que
me tornei o seu ponto cego
aquilo que, oculto, atrapalha
o controle pleno da sua direção
pensar que apesar de
já ter perdoado, superado
o que quer que se tenha cometido
serei a sombra que você
ao contrário de mim, não tratou
assim me desculpo de antemão
por assombrar os seus sonhos
daqui a vinte anos
bem-vindo tardiamente
ao vale de lágrimas onde
você não vai mais me achar
essa cura em descompasso
(eu hoje, você quando?)
é enfim o impulso derradeiro
para o nosso desencontro
a deriva das geleiras – isso
que para nossa história é sim
um final feliz

só

reunir os cacos
fragmentos de risos
intercalados
pelas memórias de dor

recolher antes
de fechar a porta
os tentáculos
que tocam tanta
gente que me toca

adentrar o túnel
escuro fundo vertical
onde encontro a estrela
uma única estrela
brilhante e eterna

saber ser só
aprender a verdade
inegociável
de ser só

TESTEMUNHO

Estou observando à distância o teu estardalhaço.

Estou absorvendo em silêncio o sentido por debaixo das tuas palavras.

Estou desvendando em segredo os códigos do teu comportamento.

Estou refletindo em solidão sobre os sonhos e os pesadelos.

Estou cozinhando em fogo brando o caldo do que nos transformamos.

Estou decantando o licor até separar toda a toxicidade.

Estou focalizando ao máximo os detalhes das imagens.

Estou afiando ritmadamente as minhas lâminas.

Estou reduzindo as minhas frases ao essencial.

Estou escolhendo a dedo os meus símbolos.

Estou maturando algo que tenha um nome exato
e que não pareça nada contigo.

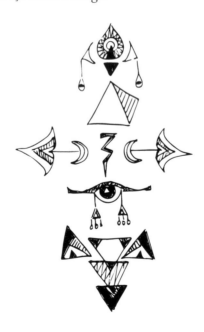

DECLARAÇÃO

os homens se aproximam de mim
para dizer coisas
que talvez tenham ensaiado
que pensaram ser interessantes ou
impressionantes
eles me falam de si mesmos
ou de como me definiriam
ou o que me poderiam aconselhar
ou me explicam assuntos
e não me perguntam se os conheço
se os desejo conhecer
entre palestras e conselhos
pontuados com algumas ofensas
e maldizeres
um homem me diz algo de valor
por exemplo um deles me comparou
a um cristal, cuja
composição lhe é desconhecida
ou seja, ele vê a forma e o brilho
mas não sabe, e quer saber a substância
ele diz ter cautela ao se aproximar e procurar
saber sobre mim
ele diz que leva a sua curiosidade
a meu respeito
para passear com carinho e tempo
foi o único que ao declarar o que não sabe
soube se declarar

LETRAS

naquele pequeno terraço
des-constelei um complexo
onde eu fumava às lágrimas
no silêncio que a faculdade
de letras proporciona
para que se possa ler, eu chorava
dessa vez tomei um sorvete
ostensivamente
e em vez de me esconder
me deixei fotografar
levei alguém
e lhe narrei toda a história
o lugar deixou de ser secreto
e barroco
troquei o pretexto
do cigarro por um sorvete
o amor espectral pelo real
mais linguístico que literal
num soneto moderno
uma rima pode ser um funeral
em vez de um adeus, um tchau

REVISITA

algo novo se aprende
no retorno a um lugar que outrora
se disse conhecer
sempre se encontra
uma casa modificada
às vezes uma casa partida
às vezes esvaziada
às vezes empoeirada
às vezes redecorada
assim alguém chegou a este momento
como a uma velha morada
às vezes eu fui esse alguém
que encontrou pó e rachaduras
ou uma nova pintura
um novo arranjo, este sem mim
que há tanto tempo parti
às vezes eu fui tudo isso
a casa
a pintura
a fissura

CARTA PARA A LUA

Esta noite te verei plenamente redonda. Tu estás sempre em mim, mesmo quando não estás sobre mim. Eu já pus a culpa em ti. A culpa por usar mal um humor qualquer que me causaste. Pois minhas águas seguem o teu curso. Eu ajo conforme as marés. Não, não tens culpa se as moléculas querem te acompanhar. O teu movimento chacoalha tudo e nessa bagunça molhada a vida se criou sobre o planeta. Tu sacodes os frascos e aqueles cheios d'água são os mais afetados. Hoje revolveste de novo o barro decantado no fundo do pote. Algumas gotas escaparam sujando o pano alvejado que estava por baixo. Não és a culpada. Veja só, que ridículo culpar uma divindade por uma mancha, um incidente! Pelo colapso, pelo adeus. Sou um pequeno vaso cheio de líquidos indistintos e penso coisas demais. Apenas sucumbo aos maremotos, pois não posso controlá-los. Mas culpar a Lua – esse hábito foi superado.

Sempre tua,
Eu.

VERDE VERDADE (SERMÃO DO JARDIM)

V DE VERDADE

ver
de verdade:
verde verdade

SEMEAR

Já me encantei com a Lua em vidas passadas. Também já confundi a timidez ou o constrangimento com o amor. Já troquei a inocência por ilusões. Certamente tentei mais de uma vez escrever algo significativo. Nos papéis, antes das telas, e antes disso nas tábuas de barro, e antes disso nas paredes de pedra. Não sei se havia um par, se são lendas as histórias de almas complementares. Esta vida dissolveu os mitos. Foi quando encontrei algo novo. Como uma planta que brotou minúscula no concreto, contra todas as adversidades. Era o que faltava, uma vez que as fábulas foram descartadas. Teria sobrado apenas a escrita da Lua. Mas o campo criativo está tão vasto, não alcanço seus limites. E a lua está nova. E estou aprendendo a semear.

SOL

seguir a lua é a agenda
de uma fêmea
mas hoje é dia de perceber
a constância, a honradez
de perseguir o rastro
do sol

seguir acendendo
em silêncio
e absoluta
solidão

o compromisso
é dar luz
desde o fogo autônomo
herdado do início
de tudo
mantido por bilhões de anos
com o máximo empenho

que esforço é esse?
que inspira
que incendeia
minha alma

tão maior do que sei
ser, contudo disse
o Astro Rei
que parte de mim é Ele
que também sou sua cria
que posso chamá-Lo
de minha estrela-
-guia

MANACÁ

planta
& contempla
o templo
a céu aberto

inala
o perfume
o cheiro
de deus

os sentidos
peregrinam
sedentos
do espírito

deus? tão improvável
quanto o milagre
da flor do manacá

escuta
o silêncio
o sermão
do jardim

LITURGIA

não invejar
a beleza da flor
aceitar o papel recebido
no teatro da vida

há o palco
e o público
o contemplado
e o contemplador

honrar ser o olho e não a cor
ser feliz ao ser para o perfume
o nariz

CURVA DO RIO

Não que seja impossível
criticar a curva do rio.
É apenas inútil.
Já foi dito que mais vale
contemplar que julgar.
Não é mais certo.
É mais adequado.
Não se trata de concordar
ou discordar.
Todos têm suas razões
e nem por isso coisa alguma
é de fato justificável.
O "não" em última instância
é somente um "sim" invertido.
Valor, conteúdo – ele não tem.

O rio segue seu curso.
Um dia acaba, seca
ou deságua,
um homem ou um meteoro
o aniquila.
Critique a estiagem, se quiser.
Vocifere contra o vento,
os astros, os deuses,
se isso o alivia.
Mas veja o rio,
aceitando a curva
que o desvia de seu destino.
Imune aos nossos lamentos.

CAÇULA

Suave, suave presença.
Doce, delicado laço.
A noite tem luz, trouxe estrelas.
Respiração gentil na madrugada.
Ocupa um colchão velho
e quase não deixa marcas.
Agradece pelas refeições,
rabisca em silêncio,
ouvidos com fones.
Rumina preocupações sozinho.
No dia mais triste deixou cair
uma pequena lágrima
e logo a enxugou.
Há um mundo enorme dentro
que desconhecemos.
Inaudível.
Nos deparamos com um retrato
ou desenho que impressiona.
Organiza os pertences em uma única mochila.
Não ocupa espaço.
Quando acordei já estava acordado.
Escuta tanto, deve ruminar o impensável.
Me vejo no seu olhar como em um espelho.
Mais lindo que jamais fui.
Por isso mesmo merecia aprender
ainda mais cedo
a não ceder demais.
A se ver nas estrelas quietas que são você.

UM PASSEIO

Marco: a pedra, o dia, o laço.
O que o vento não leva.
Engendra-se num ponto
oculto da memória.
Fica ali sem olhares
e segue criando musgo,
criando formas diversas de vida,
abissais, nas cavernas.
Um dia minha filha me levou
até um rio inusitado.
Mostrou-me um caminho.
Assim começa uma mudança,
ou algo já mudou
e só hoje notamos.
O marco segue vivo
mesmo quando não há luz.
Ou nos esquecemos da semente,
ou não existe, de fato,
esquecimento.

SOBRE A MONTANHA

começo a entender
sobre a montanha, o sol se põe
uma coisa elétrica se moveu
em meu corpo
as pedras estão quietas
deixando o pensamento ecoar
palavras são pedras partilhadas
multiplicadas
com as quais cada um
constrói o seu próprio castelo
há tanto de alguém nas suas palavras
que parecem ter sido cunhadas
no instante em que foram pronunciadas
as montanhas se calam
e os ecos retornam para mim
minha voz, sua voz
é para isso que se vai
até a montanha no crepúsculo
para escutar
é por isso que se sobe a montanha
para entender

SONHO COM CACHORRO PRETO

Naquele sonho havia um cachorro preto. Ele vai à minha frente, guiando, e eu o sigo. Após uma curva, chego diante de um enorme painel composto de pequenas lajotas pretas quadradas. Espio por dentro de uma delas: o espaço sideral em profundidade. Mergulho no espaço, há galáxias e estrelas em todas as direções. Há também lajotas flutuando, espalhadas. Em cada uma, outro universo se abre. De volta ao grande painel, vejo que cada peça oferece a mesma experiência: universos dentro de universos. Fico absorvida nos mergulhos pelo espaço por um tempo, mas depois me lembro do cachorro. Com pesar, vejo que ele está morto no chão, próximo ao painel. Ao seu redor se formou uma poça de sangue. Entendo que ele se sacrificou para me permitir ver & viver o cosmos. Acordo ao mesmo tempo maravilhada e melancólica. Pois experimentei o infinito e o finito naqueles elementos negros. O cão carrega vida e por isso também carrega morte. Carrega afeto, no início e no fim. O espaço é eterno, imortal, mas também austero. Não se permanece ali sem a consequência do tempo que se perde aqui. Talvez o cachorro já estivesse velho quando eu pensei em voltar para vê-lo. Foram só alguns segundos, que nele passaram como décadas. Foi só um sonho no corpo, mas na alma foram eras.

NOITE AVANÇA

Noite avança. Dança, trepida.
Detrás do dia há noite,
como a morte está detrás da vida.
Noite adentro, mergulho no passado,
o inconsciente se manifesta em sinais.
No céu, o tempo ralenta, a pouca luz hipnotiza.
As lembranças são pedaços de vidro espalhados.
O jarro já não existe mais.
Sua memória está neste pequeno saco
de cetim amarrado à cintura,
onde mantenho meus cacos.
Os surpreendi derramados
pela cidade, a lua parcial
como o fundo fragmentado de um copo ou óculo.
Por um ou dois segundos, vislumbrei o objeto inteiriço,
mas dissipou-se, inatingível.
O som ríspido do vidro pisado
estalando, ao mesmo tempo
o silêncio também se faz.
A morte traz verdades, como a noite.
Aqui, ali, em qualquer lugar, você jaz.

PÉROLA

Teci um pequeno desenho.
Reguei meu pequeno jardim.
Produzo pouco. Pingo gotas
de produção.
Pequeno ou pouco não
equivalem a ruim.
Grande e muito talvez não sejam
sinônimos de bom.
Uma pequena pérola
repousa em uma concha diminuta
esculpida pelos anos
em padrões fractais.
Ela se cria desde o estresse
de um ser vivo – mais intenso
o estresse, mais redonda
e lustrosa a pérola,
não mais largo
o seu diâmetro.
Tamanho
e quantidade
e velocidade
seriam medidas culturais,
artificiais de qualidade.
Tempo e dimensão
sequer existem
na infinitude exterior
e interior do cosmos.
Existe apenas o impulso
vivo da elaboração,
o impulso da pérola.

PÉS

Os pés também comunicam. Captam vibrações, carregam lembranças, se prestam a poses para fotografias. Se cobrem ou se desnudam. Quando não caminham, dão partida, freiam, aceleram. Ativam certos gatilhos. Estes pequenos já dançaram e foram beijados, mas receberam menos massagens. Reparo, porém, que os passos recentes não lhes têm feito mal: são pés em paz.

SOBRIEDADE

O lado pouco iluminado do conhecimento é a solidão. Comprometemos o caminho por medo do silêncio a que ele nos leva. Comungar passa a ser uma busca em si, quaisquer sejam os tipos de hóstias e conteúdos do cálice. Recuar para respirar é doloroso. Quanto mais nos conhecemos, mais desvelamos a ilusão dos brindes a uma pretensa comunhão. Por isso a sina da consciência requer tanta coragem. Somos solitários dentro do cosmos que tudo contém. Estamos todos irmanados nessa multidão de isolados. Alguns se agrupam para erguer uns copos, outros não.

NOVA VIÇOSA, BA

I

Reflito sobre as escolhas que me conduziram até hoje. Onde estou de volta, aonde retorno, onde estou pela primeira vez, onde é novo. Pratico enxergar as escolhas, não mensurá-las. Poderiam ter sido outras, mas não posso dizer se melhores. O que não foi escolhido, contudo, se torna latente, e a latência também é um tipo de existência. Reflito apenas, como a areia molhada reflete sol, lua e estrelas, sem nunca tocá-las, nunca vivê-las.

II

Toquei o chão de areia. Com os pés, depois as mãos. Recolhi um caule de relva e o cortei ao meio. Catei uma pequena concha e a guardei na mochila, junto com o livro, a escova de dente, a tesourinha, o celular, os fones, o bloquinho e a caneta. Caranguejo leva a casa nas costas. Exerço simbolismos nas práticas, carrego objetos sígnicos. Mais que em qualquer outro lugar, o simbólico é nítido por aqui. Ao mesmo tempo a experiência é tão concreta & corpórea. Abaixo a frequência e posso vivenciar os desgostos e desconfortos. Elevo-a no mar e escuto as crianças estalando partículas de alegria. Me dirijo a elas e esqueço as dores. Dissolvo tudo em perdão salino e arenoso. A lua testemunha o que faço, os preciosos silêncios em paz. O sol me acorda cedo. Hoje há uma calmaria. Me sinto perdoada também. A lição é de humildade.

LUA VERMELHA

A noite cai, eu me levanto. Sem luz, me sinto brilhante. Sem a fonte de força à vista, extraio energia. As férias e os fins de semana me são caros para o trabalho. O livro do conhecimento tem páginas vazias. Meu mestre é o silêncio. Na nova, estou ao aberto, somos só eu e o escuro. Mas na cheia, recolhida em minha tenda, tinjo com sangue a tela em branco.

QUATRO

Mulheres se refratam em quatro
a cada lunação.
O espectro vai da donzela
à velha
passando pela mãe
e pela feiticeira.
Uma é eleita para o deleite alheio.
Uma é suportada como um fardo necessário.
Mas duas são banidas
e desprovidas de afeto
e compreensão.
São execradas,
mas não deixam de existir,
então se retiram para o porão.
Muitas das bruxas e velhas
se vestem de donzela
para poder trafegar na luz.
É fácil entender o mundo
quando se entende as mulheres.
Mais difícil é resgatar
uma metade silenciada.
Há quatro estações, direções, luas,
valências do carbono.
Entender o quatro
é admitir a verdade:
a forma organizada do ciclo da vida.
Sinto dizer isso a quem
tem medo do sangue.
A despeito das mordaças,
é preciso falar.

É preciso dizer que a palavra
"mulher" tem quatro cortes:
não só "moça" e "mãe",
também "magia" e "morte".

RELATÓRIO

No dia 23 de janeiro transbordou um caldeirão.
Naquele caldo verde e disforme saiu o que parece ser apenas verdade.
Foi então inaugurado o projeto chamado vinte e três do um.
Há anos se vem trabalhando na análise do lodo/magma.
Os resultados parciais da pesquisa em andamento resumem-se como listados:

– a verdade não fere, mas dói
– a verdade não é balsâmica, mas alivia
– a verdade não é pacífica, mas acalma
– a verdade não equilibra, mas estabiliza
– é preciso coragem para dizer e mais coragem para ouvir
– a verdade é o que emerge espontâneo e não o que se ouve ou lê
– a verdade ressoa e retumba
– a verdade, quando sai, silencia
– a verdade liberta e também isola
– a morte é a verdade de que se foge
– a Mãe é a verdade esquecida
– a Mãe é a verdade ocultada
– a Mãe e a morte são a verdade

DAMA &
UNICÓRNIO

DECRETO

Sou eu, solidão.
Sou eu, silêncio.
Sou eu, também, alegria.
A pequena gota
de coragem foi o bastante
para contaminar
de luz & caos
um oceano inerte.
As águas tomaram vida.
Revolvem.
Sozinha, sobre o penhasco,
observo a onda
que se forma no horizonte,
que caminha crescente
ao meu encontro.
Aguardo.
Não sou tão destemida mas
as consequências semeadas
no plantio da escolha
devem ser acatadas.
É o decreto
que vem do mar.

IN MY LIFE

Eu escutei a canção do besouro.
Eu li a sua literatura.
Chama-se encarte, livreto,
mas era mais.
Era o livro do disco.
O livro que me ensinou outra língua.
Me ensinou pela mão do afeto,
do fascínio.
Aprendi com a mente da sede.
A sede de saber cantar
a canção do besouro.
Aprendi sem as nomenclaturas
onde se encaixam
as vozes, cordas, batidas.
Em algum lugar da memória
o registro do som me ensinou a música.
A música da batida do besouro.
Devo a ela tudo o que há
em meu salão musical.
É um cômodo central de um palácio,
onde soa sempre a maçã.
Estive ali por tantos anos,
mas o tempo excedeu,
o relógio badalou.
Salões menos iluminados
me aguardavam.
Salões silenciosos uterinos.
Há este salão austero subterrâneo
com uma máquina de escrever
sobre a mesa.

O som do piano no andar de cima
reverbera vibrando o teto.
A sala da música está em festa.
Minha ausência passará despercebida.
A máquina de escrever e uma só
lâmpada que pende me aguardam.
As teclas são duras, não soltam sons instantâneos.
Mas é aqui onde irei compor a minha canção.

ESCREVER

escrever é loucura
ou será loucura viver?
vivo para escrever
ou escrevo para viver
ou escrevo o que vivo
ou vivo o que escrevo?
é magia, é mais
que causalidade
é alquimia
é sincronicidade
é uma arte antiga
que incorporamos sem preparo
sem saber ao certo o quanto
por meio dela conseguimos entoar
invocar
conjurar
tal qual viver, é muito perigoso
escrever

DOBRA

entre a razão e a desrazão
formam-se rochas
comprimidas por eras
o ontem é real mas levita
o hoje ao contrário ancorou
na vastidão das possibilidades
como da semente brota a árvore
algo foi semeado em segredo
nascerá uma flor
aflorará um rochedo?
é muito o que se poderia dizer
das horas profusas sem tempo
no infinito pergaminho
que se enrosca sobre si mesmo
galáxias escritas
postes de luz tremulante
iluminando um caminho
que caminho paira adiante?
não posso ver na poeira
dos acontecimentos que foram e são
rápidos como chuva de raios
a história se faz quando se dorme
quando se sonha se desenham planos
é demasiado o que se pode sonhar
tão pequenos somos
que entramos pelas portas
através das fechaduras
talvez por ansiedade talvez
por inconsciência

não solicitamos aval para as escolhas
antes que sejam feitas
e que deus poderia nos dar?
sozinhos somos deixados
segurando o livre arbítrio
como um revólver soltando fumaça
o insustentável peso
das estrelas sobre os ombros

DUELO

Quero
mas não devo.
Até posso.

Se posso
e quero
mas não devo,
escolho.

Quero
não querer
o que quero.

Mas aceito
que quero
e respeito
que devo.

Posso
portanto escolho.
Sou eu que bifurco
por dentro.
O caminho é um só.

NAVIO

Eu vou tomar aquele velho navio.
O navio quase vazio.
O navio que me leva ao derradeiro
porto que miro.
O navio da madrugada única.
O navio do raio certeiro.
O navio que capitaneio
com uma mão no leme
e o conhecimento
apenas utilitário das estrelas.
O que for pescado na viagem –
um pedaço de corda, dois anéis,
dois peixes vivos, papéis molhados
se dissolvendo –
será avaliado com cuidado
e quase sempre
devolvido ao mar.
O navio deve seguir vazio
rumo ao seu – meu
destino.
Um pássaro no alto seguirá.
Enquanto o pássaro sobrevoar,
o navio
vazio
navegará.

DAMA & UNICÓRNIO

vislumbrei que sou
também
uma dama com um unicórnio
e você também, amiga
e você também, irmã
e você também, tia
e você também, filha
e você também, mãe

e vocês, avós
e vocês, conterrâneas
e vocês, contemporâneas
e vocês, alunas

e você, mestra
dama com o seu aliado
mágico e intocável
invisível ao patriarca

"está chegando o momento"
ouvi-a dizer
"o unicórnio está esperando
ser-lhe apresentado
ele se prostra
dobrando as patas dianteiras
para que lhe toque o chifre
espiralado
e enfim possa renascer
desde o poder
como a completa dama que é,
mulher"

SATYA

Se for para sonhar, que seja alto.
Imaginar inverossímil,
do tamanho da mão de um deus.
Deus, a palavra proibida.
O riso apaga a ofensa.
Nossa cultura esqueceu as alquimias.
Saber viver, experimentar o planeta.
Errar teria outra função que não apavorar.
Haveria uma palavra diferente.
Aponta-se para coisas antagônicas quando
se diz a palavra pecado.
As crianças seguem sem cuidado e sacramento.
Como o mar.
Diante de coisas inocentes, há quem
sinta o impulso da destruição.
Quero segurar um bebê como um deus.
Ver o mar com a mesma reverência.
O amor é onipresente
mas escorre pelos dedos.
Sem humildade não há mistério.
Eu quero o mistério.
Quero a justa nomeação.
Eu sonho com a veneração ao amor.
Por isso sonho alto.

TENDA

Sempre houve
as cirandas de mulher.
Meu pé sempre esteve dentro
da tenda vermelha.
A cabeça é que ficou para fora,
por eras,
os olhos dirigidos aos homens,
a boca repetindo
o verbo patriarcal.

Há pouco tempo empreendi
o retorno do corpo
inteiro
à tenda.

Reconheci ali dentro
um totem empoeirado:
uma divindade feroz.
Ali dentro se dizia "Mãe"
como fora se diz "Deus".

Nesse retorno reside
a cura & a redenção.
Não há supremacia
na ferocidade.

Não haverá retaliação.
Muitas verdades
obliteradas serão
contudo ecoadas
de dentro da cabana.
A minha preferida
será "liberdade".

MONSTRA

Por que, de tempos em tempos, me torno execrável, ou me presto a ser execrada, é um enigma que não consigo desvendar. Talvez por trazer à luz alguma verdade sobre quem rejeita a visão. Não é intencional, mas a história se repete, e percebo, nas ondas do éter, o incômodo que causo ao existir. Sou uma mulher e escrevo para entender. A verdadeira varinha de condão é o lápis. Cria os enredos, realiza os sonhos com palavras, depois descreve os escombros sobre os quais se sobe para refletir.

DEZEMBRO

Esta é a tradicional recapitulação de dezembro. Chove lá fora. Entro em minha casca de caranguejo, a lua mingua, ciclos se fecham à revelia. Reconto, reconto as conchas recolhidas na praia. Não há mais tempo para pegar outras. Estou sempre na companhia da solidão. O mar é apenas memória, ou um eco vindo de fora. Nem tudo é melancolia. A mais bela de todas as conchas catadas é a da liberdade. Ela é espiralada e brilha em tons furta-cor. É o meu novo regalo, e o experimento com o cuidado dos siris. Estou só, no escuro, tateando o objeto desconhecido. O mar é apenas memória, ou um eco vindo de fora. Estaria ele ressoando dentro da concha? Quando a coragem surgir, encostarei contra ela a orelha esquerda.

Luisa Godoy

Vórtice

- www.crivoeditorial.com.br
- contato@crivoeditorial.com.br
- facebook.com/crivoeditorial
- instagram.com/crivoeditorial
- loja.crivoeditorial.com.br